악필탈출 일주일만에 OK

한글 예쁜 손글씨 쓰기

한글새암 편

이가출판사

한·글·예·쁜·손·글·씨·쓰·기

노력하는 자, 명필이 될 수 있다.

너무 거창한 말일 수도 있겠지만 우리는 한석봉의 일화를 기억한다. 비록 불을 끈 상태에서의 떡 썰기와 글씨 쓰기의 대결이었지만 아직 배움에 있던 한석봉은 미숙한 글씨체에 부끄러움을 느끼고 다시 노력하여 명필이 될 수 있었다.

영어의 알파벳, 한자, 히라가나 등도 처음엔 삐뚤삐뚤한 모양이지만 계속 쓰고 거듭 익히면서 정연한, 부드러운 글씨체로 자리를 잡는다. 우리글 곧 한글도 마찬가지이다. 쓸 기회가 잦으면 그리고 여기에 글씨 연습을 의도적으로 행한다면 좋은 글씨체를 가질 수 있다.

하지만 기계에 익숙해져 있는 우리 세대에서는 손글씨를 다듬을 기회를 갖기란 참 어려운 일이다. 친구에게 문자 메시지를 보내고 메일로 소통하는 것에 너무 익숙해져 있기 때문이다. 이런 세태에도 불구하고 여전히 글씨를 잘 쓰는 사람은 부러움의 대상이다. 그리고 누구나 글씨를 잘 쓰고 싶다는 희망을 품고 있다. 이 희망은 계획적인 글씨 쓰기 연습을 통해서 충족될 수 있다.

이 책은 가장 일상적인 기획을 통해 이러한 필요성에 부응하기 위하여 제작되었다. 짧은 시간이지만 정성을 들여 이 책과 더불어 글쓰기 연습에 몰입한다면 좋은 글씨체의 틀을 갖출 수 있도록 책의 체재와 내용을 다듬었다.

내용을 살피면 글씨 모양을 만들기 위한 기초 작업으로 세 가지 기본적인 서체를 연습 대상으로 삼았다. 전체적인 모양은 둥글지만 예리한 모양의 삐침이 있어서 조화를 이루는 서체, 간결함이 돋보이면서 멋스러움이 배어날 수 있도록 다듬어져 있는 손글씨의 멋을 한껏 살린 서체, 편지글이나 다이어리 메모와 어울릴 수 있는 정돈된 느낌의 글자체이다.

각 서체는 일차적으로 자음과 모음을, 그리고 글자 균형감을 익힐 수 있도록 받침이 없는 글씨와 있는 글씨들로 구분하여 쓰도록 배열함으로써 효과를 높였다. 그리고 각 글씨의 특징과 쓰는 요령을 자세하게 설명하여 충분한 이해를 통해 연습이 가능하도록 하였다. 특히, 원고지 형태와 노트 그리고 편지지 형태의 연습 공간을 제공하여 큰 글씨부터 작은 글씨까지 다양한 방식으로 글씨 연습을 할 수 있도록 배려하였다.

글씨를 잘 쓴다는 것은 여전히 그 사람의 빠뜨릴 수 없는 장점이다. 자신의 글씨에 대하여 무언가 부족함을 느끼거나 좀더 잘 쓰고 싶은 분들의 의욕에 보탬이 되는 지침서가 될 수 있기를 바란다.

CONTENTS

사랑한다 말하고 싶을 때 **008**

오랜 설계와 노력 끝에 초대형 테마공원의 조성이 시작되었습니다. 그런데 막상 건축설계를 담당한 그는 한 가지 고민에 빠지게 되었습니다. 사람들이 걸어 다닐 길에 대한 설계를 수십 번 뜯어고쳤지만 만족스럽지 못했던 것입니다. '어떻게 하면 공원의 분위기와 잘 어울리고 효율적인 길을 만들 수 있을까?' 그는 쉽게 아이디어가 떠오르지 않자 잠시 일을 뒤로 한 채 여행을 떠났습니다. 차를 몰고 고속도로를 달리고 있는데 길가에서 딸기를 파는 사람들을 보게 되었습니다.

058 보고싶다 말하고 싶을 때

그런데 사려는 사람이 거의 없어 좌판 앞은 썰렁한 분위기였습니다. 무심코 지나쳐 얼마쯤 더 달렸을 때였습니다. 딸기밭 입구에 엄청난 수의 사람과 차량들이 줄을 서 있는 게 보였습니다. 그는 호기심이 생겨 차를 세우고 그곳으로 가보았습니다. 한 할머니가 그 딸기밭의 주인이었는데 건강이 좋지 않아 좌판 대신 새로운 방법으로 판매를 하고 있었던 것입니다.
≪만원만 내면 누구든지 밭을 돌아다니며 마음껏 딸기를 딸 수 있습니다.≫
그것이 연일 수많은 사람들을 딸기밭으로 몰려들게 한 것입니다.

108 고맙다 말하고 싶을 때

딸기 맛으로 치자면 주변의 여느 밭이나 마찬가지였지만 할머니의 딸기 판매방식이 사람들의 흥미를 유발했던 것입니다. 그는 순간 떠오른 생각에 그 길로 차를 돌려 자기 사무실로 달렸습니다. 대략 길이 날 곳을 예상해서 그곳에 잔디 씨앗을 뿌리게 했습니다. 그리고 테마공원을 예정보다 빨리 개장하도록 지시를 내렸습니다. 얼마 후 공원은 개장되었고 잔디도 조금씩 자라기 시작했습니다. 사람들이 이곳저곳을 구경하는 동안 잔디는 자연스럽게 길을 만들어갔습니다. 사람들이 밟고 지나간 자리의 잔디는 노랗게 죽어 길이 만들어졌던 것입니다.

사랑할 때 가질 수 있는 달콤함과 때때로 다가오는 살벌함을
전체적으로는 둥글지만 삐침 있는 형태로 표현하여
자음을 크게 쓴 서체이다.
사랑하는 사람의 마음을 적절하게 잘 표현한 서체이다.

사랑한다 말하고 싶을 때

가	ㄱ	연속하여 부드럽게 쓰되 화살표 방향의 휘어진 각도에 주의하여 쓴다.
나	ㄴ	부드럽게 한 번에 쓰면서 끝부분의 꼬리를 살짝 올려 쓴다.
다	ㄷ	○부분을 살짝 겹치게 쓰면서 마지막 꼬리부분을 살짝 올려쓴다.
라	ㄹ	머리부분을 화살표 방향으로 자연스럽게 내려쓰면서 꼬리는 살짝 올려 쓴다.
마	ㅁ	○부분을 살짝 겹치게 쓰면서 한 획에 연속하여 쓴다.
바	ㅂ	윗부분보다는 아랫부분이 좀더 넓은 모양이 되도록 쓴다.
사	ㅅ	①획의 중간부분에서 ②획을 부드럽게 내려 쓴다.
아	ㅇ	동그라미를 그리듯이 쓴다.
자	ㅈ	①획의 휘어진 각도에 주의하고 ②획은 짧게 쓴다.
차	ㅊ	ㅈ과 같게 쓰되 삐침에 주의하여 쓴다.
카	ㅋ	①획을 부드럽게 쓰면서 끝부분을 살짝 굴려 쓴다.
타	ㅌ	○부분을 살짝 겹치게 쓰되 ②획의 꼬리부분을 살짝 올려 쓴다.
파	ㅍ	①획과 ②획을 안쪽으로 모아서 내려 쓴다.
하	ㅎ	①,②,③획을 모두 붙여 쓴다. ①획을 길고 힘있게 내려 쓴다.

ㄱ
ㄴ
ㄷ
ㄹ
ㅁ
ㅂ
ㅅ
ㅇ
ㅈ
ㅊ
ㅋ
ㅌ
ㅍ
ㅎ

고 노	ㄱ	가의 ㄱ과 같은 모양으로 쓰되 가로와 세로획을 짧게 한다.	ㄱ	ㄱ	ㄱ				
	ㄴ	한 번에 쓰되 → 부분을 굴려쓰는데 주의한다.	ㄴ	ㄴ	ㄴ				
도 로	ㄷ	○부분에 주의하여 쓰되 ②획의 밑부분을 굴려쓴다.	ㄷ	ㄷ	ㄷ				
	ㄹ	라의 ㄹ과 같은 모양으로 쓴다.	ㄹ	ㄹ	ㄹ				
모 보	ㅁ	○부분을 살짝 겹치게 쓰면서 한 획으로 연속하여 쓴다.	ㅁ	ㅁ	ㅁ				
	ㅂ	바의 ㅂ과 같게 쓰되 가로로 넓적하게 쓴다.	ㅂ	ㅂ	ㅂ				
소 오	ㅅ	사의 ㅅ과는 전혀 다르다. ①획과 ②획이 중앙에서 만나도록 쓴다.	ㅅ	ㅅ	ㅅ				
	ㅇ	동그라미를 그리듯이 쓴다.	ㅇ	ㅇ	ㅇ				
조 쇼	ㅈ	자의 ㅈ과는 모양이 다르다. ①획의 윗부분에서 ②획이 시작된다.	ㅈ	ㅈ	ㅈ				
	ㅊ	조의 ㅈ과 같으나 삐침에 주의하여 쓴다.	ㅊ	ㅊ	ㅊ				
쿄 토	ㅋ	카의 ㅋ과는 모양이 다르다. ①획의 끝부분을 짧게 내려쓰고 ②획은 길게 쓴다.	ㅋ	ㅋ	ㅋ				
	ㅌ	○부분에 주의하며 ③획의 꼬리를 올려 쓴다.	ㅌ	ㅌ	ㅌ				
포 호	ㅍ	파의 ㅍ과 같게 쓰되 가로로 약간 넓적하게 쓴다.	ㅍ	ㅍ	ㅍ				
	ㅎ	하의 ㅎ과 모양은 같으나 삐침의 길이가 짧음에 주의하여 쓴다.	ㅎ	ㅎ	ㅎ				

ㄱ ㄴ ㄷ ㄹ ㅁ ㅂ ㅅ ㅇ ㅈ ㅊ ㅋ ㅌ ㅍ ㅎ

아	ㅏ	①획의 중앙에서 약간 아랫부분에서 ②획을 쓴다.	아	아	아				
야	ㅑ	①획을 3등분하여 ②,③획의 길이가 같게 짧게 쓴다.	야	야	야				
어	ㅓ	①획을 ②획의 중앙에서 약간 윗부분과 붙여 쓴다.	어	어	어				
여	ㅕ	①,②획을 길이가 같게 ③획에 붙여 쓴다.	여	여	여				
오	ㅗ	①획을 짧게, ②획의 중앙 왼쪽부분과 붙게 쓴다.	오	오	오				
요	ㅛ	①획의 위치에 주의하며 ①,②획을 나란히 쓴다.	요	요	요				
우	ㅜ	②획의 위치에 주의하며 짧게 내려 쓴다.	우	우	우				
유	ㅠ	①획을 3등분한 위치에 ②,③획을 나란히 쓴다.	유	유	유				
으	ㅡ	수평으로 자음보다 짧은 느낌으로 쓴다.	으	으	으				
이	ㅣ	수직으로 자음보다 짧은 느낌으로 쓴다.	이	이	이				
밖	ㄲ	ㄱ의 크기가 같게 한 번에 둥근 느낌으로 굴려 나란히 쓴다.	밖	밖	밖				
넜	ㅆ	①획을 굴려 짧게, ②,③획은 위치에 주의해 쓴다.	넜	넜	넜				
앉	ㄵ	①획은 밖으로 내어쓰고, ②획의 위치와 길이에 주의해 쓴다.	앉	앉	앉				
않	ㄶ	ㄴ보다 ㅎ이 큰 느낌으로 쓴다.	않	않	않				

아										
야										
어										
여										
오										
요										
우										
유										
으										
이										
밖										
낫										
앉										
앎										

애	ㅐ	세로획의 길이를 같게 쓰며 가로획은 중앙부분에서 붙여 쓴다.	애	애	애			
얘	ㅒ	ㅐ와 같게 쓰면서 가로획은 간격을 같게 쓴다.	얘	얘	얘			
에	ㅔ	ㅓ와 같게 쓰면서 공간의 크기에 비례해서 가로획을 짧게 쓴다.	에	에	에			
예	ㅖ	ㅓ와 같게 쓰되 ①,②획의 위치에 주의해 쓴다.	예	예	예			
와	ㅘ	ㅗ와 ㅏ를 자음에 붙은 느낌으로 짧게 쓴다.	와	와	와			
왜	ㅙ	ㅘ와 같게 쓰되 ○부분의 위치에 주의해 쓴다.	왜	왜	왜			
외	ㅚ	①,②,③획을 모두 붙여 쓴다. ②획이 긴 것에 주의한다.	외	외	외			
워	ㅝ	①,②,③,④획의 순서에 맞게 모음끼리 붙으므로 부드럽게 이어 쓴다.	워	워	워			
웨	ㅞ	ㅓ와 같은 느낌으로 쓴다.	웨	웨	웨			
위	ㅟ	ㅜ와 ㅣ의 획 길이에 주의해 쓴다.	위	위	위			
닭	ㄺ	ㄹ과 ㄱ을 자연스럽게 붙여 쓴다. ○부분에 주의한다.	닭	닭	닭			
앎	ㄻ	ㄹ의 꼬리부분에 ㅁ을 붙여 쓴다.	앎	앎	앎			
앓	ㅀ	ㄹ보다 ㅎ을 작게 쓴다.	앓	앓	앓			
있	ㅆ	ㅅ 두 개를 나란히 붙여 쓴다.	있	있	있			

애										
얘										
에										
예										
와										
왜										
외										
워										
웨										
위										
닭										
앉										
앓										
옷										

가

자음 ㄱ과 모음 ㅏ의 크기에 주의해 쓴다.

냐

ㄴ의 → 부분을 둥글게 쓴다.

더

○부분의 모양에 주의해 쓴다.

려

ㄹ의 → 부분에 주의해 쓴다.

모

○부분에 주의해 ㅁ을 한 획에 돌려 쓴다.

뵤

ㅂ의 아랫부분보다 ㅛ를 짧게 쓴다.

수

→ 부분을 살짝 휘어지게 쓴다.

유

ㅇ의 크기가 전체 글자 크기의 2/3에 해당하게 쓴다.

즈
②획을 ①획 윗부분에 이어 쓴다.

치
①획의 삐침이 ②획에 붙도록 길게 쓴다.

케
①획의 끝부분을 둥글려 쓰며, 자음과 모음을 붙여 쓴다.

태
자음의 크기가 모음의 2배가 되도록 쓴다.

페
자음의 중앙 윗부분으로 모음을 올려 쓴다.

화
ㅎ의 ㅇ의 크기에 주의하며 ㅗ의 길이를 오른쪽으로 길게 쓴다.

꼬
쌍기역의 앞부분 ㄱ을 크게 씀에 주의한다.

과
고에 모음 ㅏ를 간결하게 짧게 붙여 쓴다.

각 각 각

녇 녇 녇

가의 ㄱ과 받침 ㄱ의 모양과 크기에 주의해 쓴다.

ㅇ부분과 받침 ㄴ의 꼬리부분에 주의해 쓴다.

닫 닫 닫

를 를 를

다의 ㄷ과 받침 ㄷ의 모양과 크기에 주의해 쓴다.

르의 →부분에 주의하며 받침 ㄹ의 꼬리를 올려 쓴다.

몸 몸 몸

밥 밥 밥

모의 ㅁ과 받침 ㅁ의 모양이 다름에 주의한다.

바의 ㅂ과 받침 ㅂ의 모양은 같으나 크기가 다르게 쓴다.

솟 솟 솟

웅 웅 웅

중앙을 중심으로 ㅅ의 오른쪽을 살짝 올려 쓴다.

중앙을 중심으로 대칭이나 우의 ㅇ을 크게 쓴다.

잦

→부분을 내려쓰며
받침 ㅈ의 꼬리를 올려 쓴다.

옆

여의 ㅇ을 크게 쓰고 ㅕ를 ㅇ의
아래쪽에 붙여 쓴다.

갔

가를 받침보다 큰 느낌이
들도록 쓴다.

닭

다와 받침 ㄹㄱ이 균형을
이루도록 쓴다.

옻

ㅇ을 크게 쓰고 ㅊ의 삐침을
옆으로 나란히 쓴다.

좋

◯부분에 주의하며 받침 ㅎ의
삐침을 세로로 내려 쓴다.

많

받침을 ㅁ에 붙여쓰되
ㅎ의 삐침을 가로로 쓴다.

밟

바의 ㅂ과 받침 ㅂ의
모양과 크기에 주의해 쓴다.

가	가	가	가	가	가					
각	각	각	각	각	각					
갑	갑	갑	갑	갑	갑					
강	강	강	강	강	강					
걱	걱	걱	걱	걱	걱					
겸	겸	겸	겸	겸	겸					
결	결	결	결	결	결					
것	것	것	것	것	것					
곧	곧	곧	곧	곧	곧					
군	군	군	군	군	군					
굽	굽	굽	굽	굽	굽					
궁	궁	궁	궁	궁	궁					
굴	굴	굴	굴	굴	굴					
급	급	급	급	급	급					
깊	깊	깊	깊	깊	깊					
꽃	꽃	꽃	꽃	꽃	꽃					

나 나 나 나 나 나
낙 낙 낙 낙 낙 낙
난 난 난 난 난 난
날 날 날 날 날 날
남 남 남 남 남 남
낮 낮 낮 낮 낮 낮
냄 냄 냄 냄 냄 냄
넋 넋 넋 넋 넋 넋
넬 넬 넬 넬 넬 넬
녹 녹 녹 녹 녹 녹
높 높 높 높 높 높
농 농 농 농 농 농
눕 눕 눕 눕 눕 눕
늗 늗 늗 늗 늗 늗
늦 늦 늦 늦 늦 늦
님 님 님 님 님 님

다	다	다	다	다	다
닥	닥	닥	닥	닥	닥
달	달	달	달	달	달
답	답	답	답	답	답
당	당	당	당	당	당
터	터	터	터	터	터
텁	텁	텁	텁	텁	텁
텅	텅	텅	텅	텅	텅
돔	돔	돔	돔	돔	돔
돕	돕	돕	돕	돕	돕
둘	둘	둘	둘	둘	둘
득	득	득	득	득	득
듬	듬	듬	듬	듬	듬
듯	듯	듯	듯	듯	듯
등	등	등	등	등	등
때	때	때	때	때	때

라
락
랄
랑
럭
런
럽
럿
렴
록
롱
를
롯
림
립
링

아	아	아	아	아
악	악	악	악	악
앙	앙	앙	앙	앙
않	않	않	않	않
알	알	알	알	알
앎	앎	앎	앎	앎
앗	앗	앗	앗	앗
앝	앝	앝	앝	앝
멀	멀	멀	멀	멀
명	명	명	명	명
솜	솜	솜	솜	솜
홀	홀	홀	홀	홀
웃	웃	웃	웃	웃
입	입	입	입	입
및	및	및	및	및
밑	밑	밑	밑	밑

바					
박					
밭					
방					
밫					
밭					
백					
번					
법					
벚					
볼					
봄					
붓					
빌					
빛					
빵					

사	사	사	사	사	사					
삭	삭	삭	삭	삭	삭					
삽	삽	삽	삽	삽	삽					
생	생	생	생	생	생					
선	선	선	선	선	선					
설	설	설	설	설	설					
솔	솔	솔	솔	솔	솔					
솜	솜	솜	솜	솜	솜					
솟	솟	솟	솟	솟	솟					
솥	솥	솥	솥	솥	솥					
숭	숭	숭	숭	숭	숭					
숯	숯	숯	숯	숯	숯					
습	습	습	습	습	습					
심	심	심	심	심	심					
쌍	쌍	쌍	쌍	쌍	쌍					
쓸	쓸	쓸	쓸	쓸	쓸					

아					
악					
앞					
양					
언					
엄					
얼					
영					
옷					
울					
웅					
원					
왜					
앱					
의					
잊					

자	자	자	자	자	자					
작	작	작	작	작	작					
잘	잘	잘	잘	잘	잘					
잣	잣	잣	잣	잣	잣					
재	재	재	재	재	재					
전	전	전	전	전	전					
정	정	정	정	정	정					
제	제	제	제	제	제					
졸	졸	졸	졸	졸	졸					
좋	좋	좋	좋	좋	좋					
좌	좌	좌	좌	좌	좌					
중	중	중	중	중	중					
즙	즙	즙	즙	즙	즙					
짖	짖	짖	짖	짖	짖					
짚	짚	짚	짚	짚	짚					
짤	짤	짤	짤	짤	짤					

첫
착
찬
찰
참
찾
청
촛
찿
총
추
측
친
칠
집
징

카	카	카	카	카	카				
각	각	각	각	각	각				
칼	칼	칼	칼	칼	칼				
컨	컨	컨	컨	컨	컨				
컹	컹	컹	컹	컹	컹				
컵	컵	컵	컵	컵	컵				
컷	컷	컷	컷	컷	컷				
콜	콜	콜	콜	콜	콜				
콧	콧	콧	콧	콧	콧				
콩	콩	콩	콩	콩	콩				
쿨	쿨	쿨	쿨	쿨	쿨				
굽	굽	굽	굽	굽	굽				
클	클	클	클	클	클				
킥	킥	킥	킥	킥	킥				
킹	킹	킹	킹	킹	킹				
킹	킹	킹	킹	킹	킹				

타 탁 탈 탐 탱 턴 텃 톱 툭 튀 특 틈 틀 틈 팁 팀

파	파	파	파	파	파					
팍	팍	팍	팍	팍	팍					
팔	팔	팔	팔	팔	팔					
팡	팡	팡	팡	팡	팡					
팥	팥	팥	팥	팥	팥					
팽	팽	팽	팽	팽	팽					
펑	펑	펑	펑	펑	펑					
폭	폭	폭	폭	폭	폭					
퐁	퐁	퐁	퐁	퐁	퐁					
푹	푹	푹	푹	푹	푹					
풀	풀	풀	풀	풀	풀					
풍	풍	풍	풍	풍	풍					
플	플	플	플	플	플					
피	피	피	피	피	피					
필	필	필	필	필	필					
핑	핑	핑	핑	핑	핑					

하 하 하 하 하 하
학 학 학 학 학 학
한 한 한 한 한 한
합 합 합 합 합 합
핫 핫 핫 핫 핫 핫
행 행 행 행 행 행
혈 혈 혈 혈 혈 혈
혹 혹 혹 혹 혹 혹
홀 홀 홀 홀 홀 홀
홍 홍 홍 홍 홍 홍
후 후 후 후 후 후
훌 훌 훌 훌 훌 훌
흐 흐 흐 흐 흐 흐
흥 흥 흥 흥 흥 흥
힌 힌 힌 힌 힌 힌
힘 힘 힘 힘 힘 힘

 시간을 알뜰하고 지혜롭게 쓰는 사람은 많지 않다. 돈이나 재물을 지혜롭게 쓰는 사람도 많지 않지만 그보다도 훨씬 적은 것이 시간을 지혜롭게 쓰는

시간을 알뜰하고 지혜롭게 쓰는 사람은 많지 않다.

시간을 알뜰하고 지혜롭게 쓰는 사람은 많지 않다.

돈이나 재물을 지혜롭게 쓰는 사람도 많지 않지만

돈이나 재물을 지혜롭게 쓰는 사람도 많지 않지만

그보다도 훨씬 적은 것이 시간을 지혜롭게 쓰는

그보다도 훨씬 적은 것이 시간을 지혜롭게 쓰는

사랑이다. 돈이나 재물을 지혜롭게 사용하는 것보다 시간을 지혜롭게 사용하는
것이 훨씬 중요하다는 것은 말할 필요도 없다. 나는 네가 이 두 가지를

사랑이다. 돈이나 재물을 지혜롭게 사용하는 것보다

시간을 지혜롭게 사용하는 것이 훨씬 중요하다는

것은 말할 필요도 없다. 나는 네가 이 두 가지를

 지혜롭게 사용할 줄 아는 사람이 되어 주었으면 한다. 너도 이제 차츰 그런 일을 생각해도 좋은 나이이다. 하기야 젊었을 때는 시간이 차고

지혜롭게 사용할 줄 아는 사람이 되어 주었으면

한다. 너도 이제 차츰 그런 일을 생각해도 좋은

나이이다. 하기야 젊었을 때는 시간이 차고

넘쳐서 없어지는 일은 없다고 생각하기가 쉽다. 그러나 그것은 막대한 재산을 탕진해 버리는 것과 흡사하여 네가 그것을 깨달았을 때에는 이미

넘쳐서 없어지는 일은 없다고 생각하기가 쉽다.

그러나 그것은 막대한 재산을 탕진해 버리는

것과 흡사하여 네가 그것을 깨달았을 때에는 이미

 늦어 수습할 수 없는 상태일 경우가 많다. 지금은 고인이 되어 세상을 떠나고 없지만, 윌리엄 3세나 앤 여왕, 조지 1세 시대에 이름을 떨쳤던 라운즈

늦어 수습할 수 없는 상태일 경우가 많다. 지금은

고인이 되어 세상을 떠나고 없지만, 윌리엄 3세나

앤 여왕, 조지 1세 시대에 이름을 떨쳤던 라운즈

재무장관은 생전에 곧잘 이렇게 말했었다. "1펜스를 업신여겨서는 안 된다. 1펜스를 비웃는 자는 1펜스에 울게 된다." 이 말은 참으로

재무장관은 생전에 곧잘 이렇게 말했었다.

"1펜스를 업신여겨서는 안 된다. 1펜스를 비웃는

자는 1펜스에 울게 된다." 이 말은 참으로

명언이라고 생각한다. 그는 이것을 스스로 실천하였다. 그 결과 두 손자에게 막대한 재산을 남겨주었다. 이 말은 그대로 시간에도 적용할 수

명언이라고 생각한다. 그는 이것을 스스로

명언이라고 생각한다. 그는 이것을 스스로

실천하였다. 그 결과 두 손자에게 막대한 재산을

실천하였다. 그 결과 두 손자에게 막대한 재산을

남겨주었다. 이 말은 그대로 시간에도 적용할 수

남겨주었다. 이 말은 그대로 시간에도 적용할 수

있다. 1분을 비웃는 자는 1분 때문에 우는 법이다. 그러므로 10분이나 15분이라고 해서 소홀히 하고 있으면 하루에 여러 시간을 낭비하는 것이 된다.

있다. 1분을 비웃는 자는 1분 때문에 우는 법이다.

그러므로 10분이나 15분이라고 해서 소홀히 하고

있으면 하루에 여러 시간을 낭비하는 것이 된다.

 그것이 일 년간 쌓이면 어떻게 될까? 아마도 네 인생이 바뀔 수 있는 시간이 될 것이다. 세상에는 시간을 질질 끌며 요령 없이 보내는 사람이 많다.

그것이 일 년간 쌓이면 어떻게 될까? 아마도 네

인생이 바뀔 수 있는 시간이 될 것이다. 세상에는

시간을 질질 끌며 요령 없이 보내는 사람이 많다.

커다란 의자에 기대앉아 하품하면서 "무엇인가를 시작하기에는 좀 시간이 모자라고…" 라고 말한다. 그러나 실제로 시간이 충분히 있어도

커다란 의자에 기대앉아 하품하면서

"무엇인가를 시작하기에는 좀 시간이 모자라고…"

라고 말한다. 그러나 실제로 시간이 충분히 있어도

 이런 사람은 무엇인가 일을 시작하지 않는다. 결국 아무것도 하지 않고 시간은 지나가 버린다. 아마 이런 사람은 공부에 있어서나 일에 있어서나

이런 사람은 무엇인가 일을 시작하지 않는다.

이런 사람은 무엇인가 일을 시작하지 않는다.

결국 아무것도 하지 않고 시간은 지나가 버린다.

결국 아무것도 하지 않고 시간은 지나가 버린다.

아마 이런 사람은 공부에 있어서나 일에 있어서나

아마 이런 사람은 공부에 있어서나 일에 있어서나

대성하지 못할 것이다. 한가로이 세월을 보내는 것은 너의 나이에서는 아직 허용되지 않는다. 내 나이가 되었을 때 비로소 허용되는 것이다. 너는

대성하지 못할 것이다. 한가로이 세월을 보내는

것은 너의 나이에서는 아직 허용되지 않는다.

내 나이가 되었을 때 비로소 허용되는 것이다. 너는

말하자면 이제 겨우 사회에 첫 발을 내놓았을 뿐이다. 행동적이고 근면하며 끈기가 있는 것이 당연하다. 앞으로 수년간이 너의 일생에 얼마나

말하자면 이제 겨우 사회에 첫 발을 내놓았을

말하자면 이제 겨우 사회에 첫 발을 내놓았을

뿐이다. 행동적이고 근면하며 끈기가 있는 것이

뿐이다. 행동적이고 근면하며 끈기가 있는 것이

당연하다. 앞으로 수년간이 너의 일생에 얼마나

당연하다. 앞으로 수년간이 너의 일생에 얼마나

큰 의미를 가질 것인가 생각해 보았으면 한다. 그러면 단 한순간도 소홀히 할 수는 없을 것이다. 그렇다고 하루 종일 책상 앞에만 붙어 있으라고

큰 의미를 가질 것인가 생각해 보았으면 한다.

그러면 단 한순간도 소홀히 할 수는 없을 것이다.

그렇다고 하루 종일 책상 앞에만 붙어 있으라고

말하는 것은 아니다. 내가 아는 사람 중에 시간을 사용하는 방법이 아주 지혜로워서 사소한 시간도 헛되게 보내지 않는 이가 있다. 이 사람은 화장실에

말하는 것은 아니다. 내가 아는 사람 중에 시간을

말하는 것은 아니다. 내가 아는 사람 중에 시간을

사용하는 방법이 아주 지혜로워서 사소한 시간도

사용하는 방법이 아주 지혜로워서 사소한 시간도

헛되게 보내지 않는 이가 있다. 이 사람은 화장실에

헛되게 보내지 않는 이가 있다. 이 사람은 화장실에

들어가 있는 잠시 동안의 시간까지 유용하게 이용하여 고대 로마 시인의 작품을 조금씩 읽어 드디어는 독파해 버렸다. 확실히 이것은 상당한 시간의

들어가 있는 잠시 동안의 시간까지 유용하게 이용하여

고대 로마 시인의 작품을 조금씩 읽어 드디어는

독파해 버렸다. 확실히 이것은 상당한 시간의

 절약이라고 생각된다. 얼마 안 되는 시간이라도 효과적으로 사용하면 나중에 상당한 일을 했다는 것을 깨닫게 된다. 그런데 얼마 안 되는 시간이라고

절약이라고 생각된다. 얼마 안 되는 시간이라도

효과적으로 사용하면 나중에 상당한 일을 했다는

것을 깨닫게 된다. 그런데 얼마 안 되는 시간이라고

해서 아무것도 하지 않고 있으면 나중에 되찾으려고 생각해도 좀처럼 되지 않는다. 그러므로 순간순간을 의미 있게 사용해 주었으면 한다.

해서 아무것도 하지 않고 있으면 나중에 되찾으려고

생각해도 좀처럼 되지 않는다. 그러므로 순간순간을

의미 있게 사용해 주었으면 한다.

you will alway have a special in my heart

네가 네 시에 온다면

난 세 시부터 행복해지기 시작할 거야.

시간이 갈수록 난 더 행복해질 거야.

네 시가 되면 나는

마음이 두근거리고 안달이 날 거야.

내가 얼마나 행복한지

너에게 보여주게 될 거야.

행복의 값어치를 배우게 되는 거야.

You will alway have a special in my heart

네가 네 시에 온다면

난 세 시부터 행복해지기 시작할 거야.

시간이 갈수록 난 더 행복해질 거야.

네 시가 되면 나는

마음이 두근거리고 안달이 날 거야.

내가 얼마나 행복한지

너에게 보여주게 될 거야.

행복의 값어치를 배우게 되는 거야.

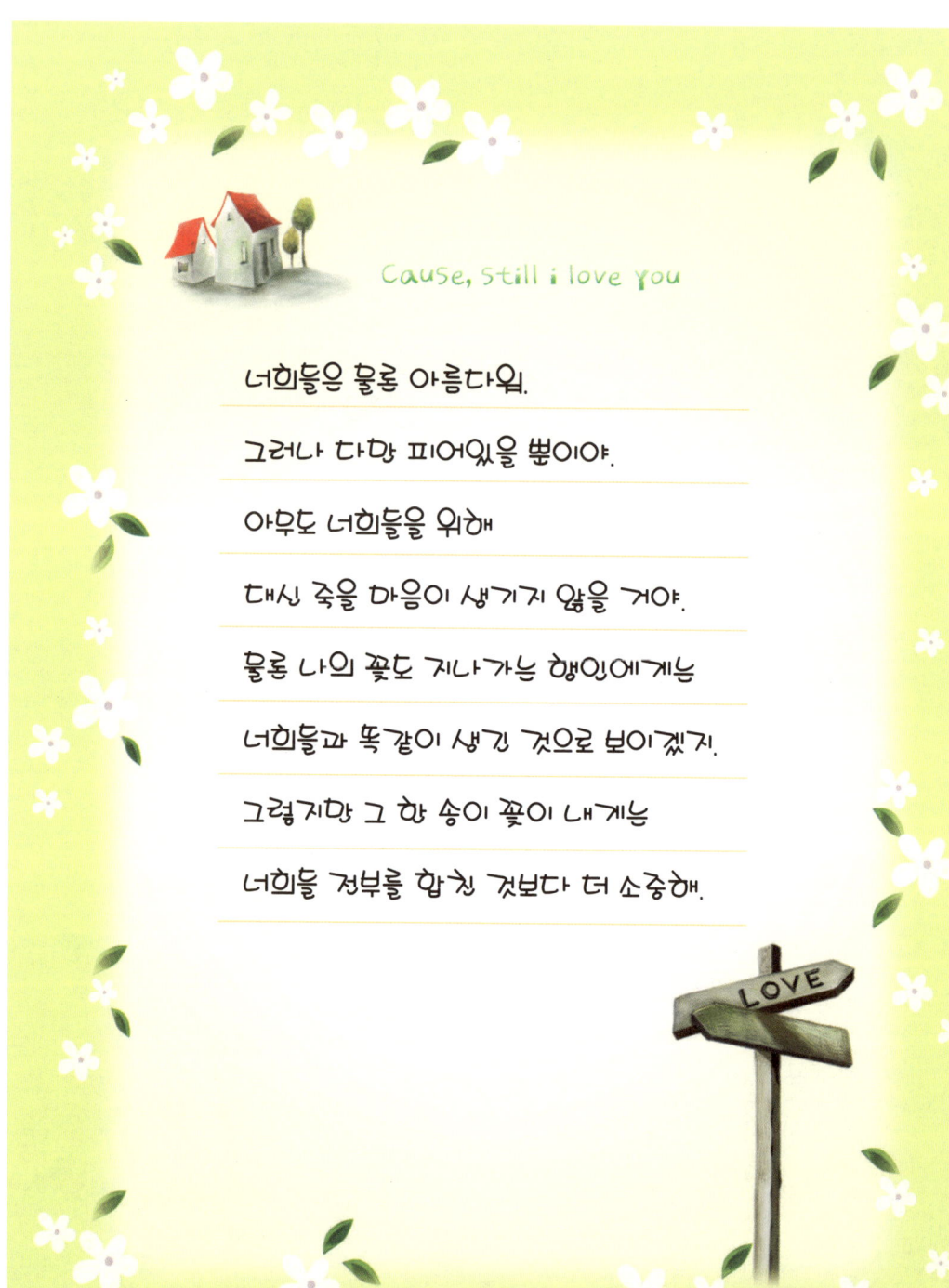

Cause, still i love you

너희들은 물론 아름다워.

그러나 다만 피어있을 뿐이야.

아무도 너희들을 위해

대신 죽을 마음이 생기지 않을 거야.

물론 나의 꽃도 지나가는 행인에게는

너희들과 똑같이 생긴 것으로 보이겠지.

그렇지만 그 한 송이 꽃이 내게는

너희들 전부를 합친 것보다 더 소중해.

Cause, still i love you

너희들은 물론 아름다워.

그러나 다만 피어있을 뿐이야.

아무도 너희들을 위해

대신 죽을 마음이 생기지 않을 거야.

물론 나의 꽃도 지나가는 행인에게는

너희들과 똑같이 생긴 것으로 보이겠지.

그렇지만 그 한 송이 꽃이 내게는

너희들 전부를 합친 것보다 더 소중해.

펜의 부드러운 질감을 최대한 살려 쓴 글자로
손글씨의 느낌이 그대로 살아나 있다.
간결함이 돋보이면서도 손글씨의 멋을 한껏 살려,
캐주얼하면서도 로맨틱함이 묻어난다.

보고싶다 말하고 싶을 때

가	ㄱ	부드럽게 이어 한 번에 쓰되 꺾이는 부분을 살짝 올려 쓴다.	ㄱ ㄱ ㄱ
나	ㄴ	○부분을 살짝 올려서 길게 늘여 쓴다.	ㄴ ㄴ ㄴ
다	ㄷ	○부분의 머리가 나오게 쓰면서 꼬리부분은 살짝 올려서 늘여쓴다.	ㄷ ㄷ ㄷ
라	ㄹ	○부분의 공간 크기가 같도록 층을 이루듯 쓴다.	ㄹ ㄹ ㄹ
마	ㅁ ①②	①획을 기둥 삼아 ②획을 모양내어 쓴다.	ㅁ ㅁ ㅁ
바	ㅂ ①②	①획을 짧게 ②획은 부드럽게 한 번에 돌려 쓴다.	ㅂ ㅂ ㅂ
사	ㅅ ①②	①획은 길게, ②획은 짧게 아래로 내려 쓴다.	ㅅ ㅅ ㅅ
아	ㅇ	한 획에 부드럽지만 힘있게 쓴다. 아래로 길게 쓰며 윗부분은 트임을 둔다.	ㅇ ㅇ ㅇ
자	ㅈ ①②	①획의 꺾임부분을 올려쓰고 ①획의 중간에서 ②획을 내려 쓴다.	ㅈ ㅈ ㅈ
차	ㅊ	ㅈ을 쓰는 요령으로 삐침을 길게 내려 쓴다.	ㅊ ㅊ ㅊ
카	ㅋ ①②	ㄱ을 쓰고 ②획을 ①획과 수평이 되도록 쓴다.	ㅋ ㅋ ㅋ
타	ㅌ ①②③	①,②획을 수평이 되도록 하며 ③획은 ①,②획의 삐침이 나오도록 교차하게 쓴다.	ㅌ ㅌ ㅌ
파	ㅍ ①②③	①,②,③획이 자유롭지만 균형있는 모양으로 쓴다.	ㅍ ㅍ ㅍ
하	ㅎ	ㅎ의 삐침부분이 글자 크기의 1/2이 되도록 쓴다.	ㅎ ㅎ ㅎ

ワ
ヰ
ヱ
ヲ
ン
ヴ
ㇰ
ㇱ
ㇲ
ㇳ
ㇴ
ㇵ
ㇶ

고	ㄱ	가의 ㄱ보다 → 부분을 길게 쓴다. ①,②획의 길이가 같다.	ㄱ ㄱ ㄱ				
느	ㄴ	①,②획의 길이가 같게 직각이 되도록 꺾어 쓴다.	ㄴ ㄴ ㄴ				
드	ㄷ	①획은 길게, ②획은 ①획에 붙지 않게 굴려 쓴다.	ㄷ ㄷ ㄷ				
르	ㄹ	○공간의 크기가 같도록 층을 이루어 쓴다.	ㄹ ㄹ ㄹ				
끄	ㄲ	○부분의 모양에 주의해 ②획을 ①획에 붙여 자연스럽게 쓴다.	ㄲ ㄲ ㄲ				
보	ㅂ	①획은 짧게 ②획은 부드럽게 돌려 쓴다.	ㅂ ㅂ ㅂ				
소	ㅅ	①획의 중간부분에서 ②획을 길게 쓴다.	ㅅ ㅅ ㅅ				
오	ㅇ	자연스럽게 한 번에 쓰되 시작과 끝이 만나도록 쓴다.	ㅇ ㅇ ㅇ				
조	ㅈ	①획의 중간에서 ②획을 쓰되 가로를 길게 쭉 빼어 쓴다.	ㅈ ㅈ ㅈ				
초	ㅊ	①획의 삐침을 수직으로 길게 내려 쓰고 ㅈ을 쓴다.	ㅊ ㅊ ㅊ				
코	ㅋ	ㄱ을 쓰고 ②획을 ①과 수평이 되게 나란히 쓴다.	ㅋ ㅋ ㅋ				
트	ㅌ	○부분의 모양에 주의해 나란히 쓴다.	ㅌ ㅌ ㅌ				
포	ㅍ	①,②,③획을 붙이지 않고 자연스럽고 힘있게 쓴다.	ㅍ ㅍ ㅍ				
호	ㅎ	ㅎ의 삐침을 길게 ㅇ은 작게 쓴다.	ㅎ ㅎ ㅎ				

ㄱ ㄴ ㄷ ㄹ ㅁ ㅂ ㅅ ㅇ ㅈ ㅊ ㅋ ㅌ ㅍ ㅎ

글자	획순	설명	연습
아	ㅏ	①획은 약간 휜듯 자연스럽고, ①획의 중간에서 ②획을 길게 쓴다.	아 아 아
야	ㅑ	①획을 3등분한 지점에서 ②,③획을 쓴다.	야 야 야
어	ㅓ	①획을 자음 가까이 닿도록 길게 쓴다.	어 어 어
여	ㅕ	ㅓ와 같은 느낌으로 쓴다.	여 여 여
오	ㅗ	①획은 세로로 길게 쓰며 ②획과 만나게 쓴다.	오 오 오
요	ㅛ	②획을 한 번에 자연스럽고 힘있게 쓴다.	요 요 요
우	ㅜ	①획의 중간 지점에서 ②획을 길게 쭉 내려 쓴다.	우 우 우
유	ㅠ	ㅜ와 같은 느낌으로 쓴다. ○모양에 주의한다.	유 유 유
으	ㅡ	가로로 약간 휜듯 자연스럽게 쓴다.	으 으 으
이	ㅣ	세로로 힘있게 내려 쓴다.	이 이 이
밖	ㄲ	앞의 ㄱ에 뒤의 ㄱ을 붙여 나란히 쓴다.	밖 밖 밖
넋	ㄳ	ㄱ과 ㅅ의 모양에 주의해 같은 크기로 쓴다.	넋 넋 넋
앉	ㄵ	ㄴ과 ㅈ을 쓰는 방법으로 같은 크기로 쓴다.	앉 앉 앉
않	ㄶ	ㅎ을 한 번에 이어서 자연스럽게 쓴다.	않 않 않

아
야
어
여
오
요
우
유
으
이
밖
넋
앉
않

애	ㅐ	세로획의 길이는 같지만 ○의 아래 공간을 좀 더 넓게 쓴다.	애	애	애
얘	ㅒ	ㅐ와 같은 느낌으로 쓴다.	얘	얘	얘
에	ㅔ	①획을 ②획의 중간 위쪽에 닿도록 하며 ③획을 좀 더 길게 쓴다.	에	에	에
예	ㅖ	ㅔ와 같은 느낌으로 쓴다.	예	예	예
와	ㅘ	모음 ㅗ를 한번에 이어서 쓴다.	와	와	와
왜	ㅙ	ㅘ와 같은 느낌으로 쓴다.	왜	왜	왜
외	ㅚ	ㅘ와 같은 느낌으로 쓴다.	외	외	외
워	ㅝ	ㅜ와 ㅓ가 붙지 않으나 조화롭게 쓴다.	워	워	워
웨	ㅞ	ㅝ와 같은 느낌으로 쓰되 ㅓ와 ㅣ의 길이를 같게 쓴다.	웨	웨	웨
위	ㅟ	ㅜ의 ②획을 약간 휘어진듯 부드럽게 쓴다.	위	위	위
닭	ㄺ	ㄱ보다 ㄹ을 좀더 크고 길게 쓴다.	닭	닭	닭
앎	ㄻ	ㅁ보다 ㄹ을 좀더 크고 길게 쓴다.	앎	앎	앎
않	ㅀ	ㄹ과 ㅎ의 크기가 서로 같으나 ㄹ의 공간과 ㅎ의 삐침을 주의해 쓴다.	않	않	않
있	ㅆ	ㅅ 두개를 나란히 붙여 쓴다.	있	있	있

애
얘
에
예
안
앤
외
워
웨
위
닭
앉
앒
있

가 가가

ㄱ의 →부분을 올려 쓰되 세로를 길게 쓴다.

냐 냐냐

ㄴ과 ㅑ의 크기는 같으나 ③획을 ②획 보다 길게 쓴다.

더 더더

○부분의 모양에 주의하며 ㅓ의 ①획을 길게 쓴다.

려 려려

ㄹ의 획을 한 번에 층을 내어 힘있게 쓴다.

뜨 뜨뜨

ㅁ의 ②획과 모음 ㅡ를 한 번에 이어 쓴다.

뇨 뇨뇨

①획은 짧게 ②획은 한 번에 돌려 쓴다.

수 수수

①획의 중간 윗부분에 ②획을 걸쳐 쓰며, ④획은 길게 내려 쓴다.

유 유유

ㅇ은 작게, ②획 중간 지점에 ③획을 그 옆에 ④획을 길게 이어 쓴다.

조

①획 중간 지점에서 ②획을 길게 수평으로 쓰며 모음ㅡ는 길지않게 쓴다.

치

ㅊ의 삐침을 세로로 길게 쓰고 모음 ㅣ는 힘있게 내려 쓴다.

케

ㅋ의 ②획에 ③획을 붙여 쓴다.

태

ㅌ의 크기와 ㅐ의 크기를 같게 쓴다.

페

ㅍ의 모양에 주의해 쓴다.

화

ㅎ의 ①획은 세로로 길게, ㅇ은 작은 느낌으로 쓴다.

꼬

ㄲ에서 앞의 ㄱ은 세로 획을 더 길게 쓰고, 모음 ㅗ는 한 번에 이어 쓴다.

과

ㄱ과 ㅗ의 크기를 같게 쓰되, ㅗ는 한 번에 이어 쓴다.

각 각 각

①, ②, ③획을 각각 모두 한 획에 쓴다.

년 년 년

자음 ㄴ과 받침 ㄴ의 모양이 다름에 주의해 쓴다.

닫 닫 닫

○부분을 주의하고 ②획과 모음 ㅏ의 ③획을 부드럽게 이어 한 번에 쓴다.

를 를 를

르의 ㄹ을 작게, 받침 ㄹ을 크게 쓴다.

몸 몸 몸

모의 ㅁ과 받침 ㅁ의 모양에 주의해 쓴다.

밥 밥 밥

바의 ㅂ과 받침 ㅂ의 모양과 크기가 같게 쓴다.

솟 솟 솟

소의 ②획을 가로로 길게 쓰며 ③획은 한 번에 쓴다.

웅 웅 웅

우의 ㅇ과 받침 ㅇ의 크기는 같으나 위치에 주의해 쓴다.

잦

자의 ㅈ과 받침 ㅈ의 크기와 모양은
같게, 모음 ㅏ는 한 번에 쓴다.

옻

오의 크기와 받침 ㅊ의 크기를
같게 쓴다.

옆

여의 모음 ㅕ와 받침 ㅍ의 모양에
주의해 쓴다.

좋

조와 ㅎ의 위치에 주의해 쓴다.

갃

가의 위치에 주의해 ㄱ과 ㅏ를 각각
한 번에 쓰며, 받침을 균형있게 쓴다.

많

마의 ❷획과 ❸획을 한 번에
이어서 부드럽게 쓴다.

닭

○부분에 주의하며 ㄷ과 ㅏ를
한 번에 이어 쓴다.

밟

바와 받침 ㄹㅂ이 각각 1/4지점에
놓이도록 쓴다.

가	가	가	가	가	가					
각	각	각	각	각	각					
갃	갃	갃	갃	갃	갃					
강	강	강	강	강	강					
걱	걱	걱	걱	걱	걱					
건	건	건	건	건	건					
결	결	결	결	결	결					
것	것	것	것	것	것					
곤	곤	곤	곤	곤	곤					
군	군	군	군	군	군					
굶	굶	굶	굶	굶	굶					
궁	궁	궁	궁	궁	궁					
굴	굴	굴	굴	굴	굴					
금	금	금	금	금	금					
깊	깊	깊	깊	깊	깊					
꽃	꽃	꽃	꽃	꽃	꽃					

나
낙
넌
놀
냠
넛
냄
넋
녈
녹
놀
농
높
는
늦
넙

다	다	다	다	다	다
닥	닥	닥	닥	닥	닥
달	달	달	달	달	달
담	담	담	담	담	담
당	당	당	당	당	당
던	던	던	던	던	던
덮	덮	덮	덮	덮	덮
덩	덩	덩	덩	덩	덩
돈	돈	돈	돈	돈	돈
동	동	동	동	동	동
둘	둘	둘	둘	둘	둘
득	득	득	득	득	득
든	든	든	든	든	든
듯	듯	듯	듯	듯	듯
등	등	등	등	등	등
때	때	때	때	때	때

라	라	라	라	라	라
락	락	락	락	락	락
랄	랄	랄	랄	랄	랄
람	람	람	람	람	람
럭	럭	럭	럭	럭	럭
런	런	런	런	런	런
랑	랑	랑	랑	랑	랑
럿	럿	럿	럿	럿	럿
렁	렁	렁	렁	렁	렁
록	록	록	록	록	록
롱	롱	롱	롱	롱	롱
를	를	를	를	를	를
릇	릇	릇	릇	릇	릇
림	림	림	림	림	림
링	링	링	링	링	링
링	링	링	링	링	링

마	마	마	마	마	마					
막	막	막	막	막	막					
만	만	만	만	만	만					
맏	맏	맏	맏	맏	맏					
말	말	말	말	말	말					
맘	맘	맘	맘	맘	맘					
맛	맛	맛	맛	맛	맛					
맡	맡	맡	맡	맡	맡					
멸	멸	멸	멸	멸	멸					
명	명	명	명	명	명					
목	목	목	목	목	목					
물	물	물	물	물	물					
못	못	못	못	못	못					
밍	밍	밍	밍	밍	밍					
밋	밋	밋	밋	밋	밋					
밑	밑	밑	밑	밑	밑					

바	바	바	바	바	바
박	박	박	박	박	박
반	반	반	반	반	반
밤	밤	밤	밤	밤	밤
방	방	방	방	방	방
발	발	발	발	발	발
백	백	백	백	백	백
번	번	번	번	번	번
법	법	법	법	법	법
벗	벗	벗	벗	벗	벗
볼	볼	볼	볼	볼	볼
봄	봄	봄	봄	봄	봄
붓	붓	붓	붓	붓	붓
불	불	불	불	불	불
빛	빛	빛	빛	빛	빛
빵	빵	빵	빵	빵	빵

사	사	사	사	사	사					
삭	삭	삭	삭	삭	삭					
샇	샇	샇	샇	샇	샇					
생	생	생	생	생	생					
선	선	선	선	선	선					
설	설	설	설	설	설					
솔	솔	솔	솔	솔	솔					
솜	솜	솜	솜	솜	솜					
솟	솟	솟	솟	솟	솟					
솥	솥	솥	솥	솥	솥					
숭	숭	숭	숭	숭	숭					
숯	숯	숯	숯	숯	숯					
슝	슝	슝	슝	슝	슝					
신	신	신	신	신	신					
쌍	쌍	쌍	쌍	쌍	쌍					
쏠	쏠	쏠	쏠	쏠	쏠					

아	아	아	아	아	아
악	악	악	악	악	악
앞	앞	앞	앞	앞	앞
얌	얌	얌	얌	얌	얌
언	언	언	언	언	언
얻	얻	얻	얻	얻	얻
얼	얼	얼	얼	얼	얼
엉	엉	엉	엉	엉	엉
옷	옷	옷	옷	옷	옷
울	울	울	울	울	울
웅	웅	웅	웅	웅	웅
원	원	원	원	원	원
윳	윳	윳	윳	윳	윳
율	율	율	율	율	율
의	의	의	의	의	의
잇	잇	잇	잇	잇	잇

자	자	자	자	자	자					
작	작	작	작	작	작					
잘	잘	잘	잘	잘	잘					
잣	잣	잣	잣	잣	잣					
재	재	재	재	재	재					
전	전	전	전	전	전					
정	정	정	정	정	정					
제	제	제	제	제	제					
졸	졸	졸	졸	졸	졸					
종	종	종	종	종	종					
좌	좌	좌	좌	좌	좌					
중	중	중	중	중	중					
쥬	쥬	쥬	쥬	쥬	쥬					
짓	짓	짓	짓	짓	짓					
짚	짚	짚	짚	짚	짚					
짤	짤	짤	짤	짤	짤					

차	차	차	차	차	차
착	착	착	착	착	착
찬	찬	찬	찬	찬	찬
찰	찰	찰	찰	찰	찰
참	참	참	참	참	참
첫	첫	첫	첫	첫	첫
청	청	청	청	청	청
체	체	체	체	체	체
촛	촛	촛	촛	촛	촛
총	총	총	총	총	총
취	취	취	취	취	취
측	측	측	측	측	측
친	친	친	친	친	친
칠	칠	칠	칠	칠	칠
참	참	참	참	참	참
칭	칭	칭	칭	칭	칭

카	카	카	카	카	카						
킥	킥	킥	킥	킥	킥						
칼	칼	칼	칼	칼	칼						
컨	컨	컨	컨	컨	컨						
컴	컴	컴	컴	컴	컴						
컵	컵	컵	컵	컵	컵						
컷	컷	컷	컷	컷	컷						
콜	콜	콜	콜	콜	콜						
콧	콧	콧	콧	콧	콧						
콩	콩	콩	콩	콩	콩						
쿨	쿨	쿨	쿨	쿨	쿨						
큐	큐	큐	큐	큐	큐						
클	클	클	클	클	클						
킥	킥	킥	킥	킥	킥						
킴	킴	킴	킴	킴	킴						
킹	킹	킹	킹	킹	킹						

타	타	타	타	타	타				
턱	턱	턱	턱	턱	턱				
털	털	털	털	털	털				
탑	탑	탑	탑	탑	탑				
탬	탬	탬	탬	탬	탬				
턴	턴	턴	턴	턴	턴				
텃	텃	텃	텃	텃	텃				
톻	톻	톻	톻	톻	톻				
툭	툭	툭	툭	툭	툭				
튀	튀	튀	튀	튀	튀				
특	특	특	특	특	특				
튼	튼	튼	튼	튼	튼				
틀	틀	틀	틀	틀	틀				
틈	틈	틈	틈	틈	틈				
팁	팁	팁	팁	팁	팁				
팅	팅	팅	팅	팅	팅				

따	따	따	따	따	따					
딱	딱	딱	딱	딱	딱					
딸	딸	딸	딸	딸	딸					
땅	땅	땅	땅	땅	땅					
땉	땉	땉	땉	땉	땉					
땡	땡	땡	땡	땡	땡					
떰	떰	떰	떰	떰	떰					
똑	똑	똑	똑	똑	똑					
똠	똠	똠	똠	똠	똠					
뚝	뚝	뚝	뚝	뚝	뚝					
뜰	뜰	뜰	뜰	뜰	뜰					
뚱	뚱	뚱	뚱	뚱	뚱					
뜰	뜰	뜰	뜰	뜰	뜰					
핀	핀	핀	핀	핀	핀					
필	필	필	필	필	필					
핌	핌	핌	핌	핌	핌					

하					
학					
한					
합					
핫					
핸					
혈					
혹					
홀					
홍					
훈					
휼					
흑					
흥					
힌					
힘					

 시간을 알뜰하고 지혜롭게 쓰는 사람은 많지 않다. 돈이나 재물을 지혜롭게 쓰는 사람도 많지 않지만 그보다도 훨씬 적은 것이 시간을 지혜롭게 쓰는

시간을 알뜰하고 지혜롭게 쓰는 사람은 많지 않다.

시간을 알뜰하고 지혜롭게 쓰는 사람은 많지 않다.

돈이나 재물을 지혜롭게 쓰는 사람도 많지 않지만

돈이나 재물을 지혜롭게 쓰는 사람도 많지 않지만

그보다도 훨씬 적은 것이 시간을 지혜롭게 쓰는

그보다도 훨씬 적은 것이 시간을 지혜롭게 쓰는

사람이다. 돈이나 재물을 지혜롭게 사용하는 것보다 시간을 지혜롭게 사용하는 것이 훨씬 중요하다는 것은 말할 필요도 없다. 나는 네가 이 두 가지를

사람이다. 돈이나 재물을 지혜롭게 사용하는 것보다

사람이다. 돈이나 재물을 지혜롭게 사용하는 것보다

시간을 지혜롭게 사용하는 것이 훨씬 중요하다는

시간을 지혜롭게 사용하는 것이 훨씬 중요하다는

것은 말할 필요도 없다. 나는 네가 이 두 가지를

것은 말할 필요도 없다. 나는 네가 이 두 가지를

지혜롭게 사용할 줄 아는 사람이 되어 주었으면 한다. 너도 이제 차츰 그런 일을 생각해도 좋은 나이이다. 하기야 젊었을 때는 시간이 차고

지혜롭게 사용할 줄 아는 사람이 되어 주었으면

지혜롭게 사용할 줄 아는 사람이 되어 주었으면

한다. 너도 이제 차츰 그런 일을 생각해도 좋은

한다. 너도 이제 차츰 그런 일을 생각해도 좋은

나이이다. 하기야 젊었을 때는 시간이 차고

나이이다. 하기야 젊었을 때는 시간이 차고

넘쳐서 없어지는 일은 없다고 생각하기가 쉽다. 그러나 그것은 막대한 재산을 탕진해 버리는 것과 흡사하여 네가 그것을 깨달았을 때에는 이미

넘쳐서 없어지는 일은 없다고 생각하기가 쉽다.

그러나 그것은 막대한 재산을 탕진해 버리는

것과 흡사하여 네가 그것을 깨달았을 때에는 이미

 늘어 수습할 수 없는 상태일 경우가 많다. 지금은 고인이 되어 세상을 떠나고 없지만, 윌리엄 3세나 앤 여왕, 조지 1세 시대에 이름을 떨쳤던 라운즈

늘어 수습할 수 없는 상태일 경우가 많다. 지금은

늘어 수습할 수 없는 상태일 경우가 많다. 지금은

고인이 되어 세상을 떠나고 없지만, 윌리엄 3세나

고인이 되어 세상을 떠나고 없지만, 윌리엄 3세나

앤 여왕, 조지 1세 시대에 이름을 떨쳤던 라운즈

앤 여왕, 조지 1세 시대에 이름을 떨쳤던 라운즈

재무장관은 생전에 곧잘 이렇게 말했었다. "1펜스를 업신여겨서는 안 된다. 1펜스를 비웃는 자는 1펜스에 울게 된다." 이 말은 참으로

재무장관은 생전에 곧잘 이렇게 말했었다.

"1펜스를 업신여겨서는 안 된다. 1펜스를 비웃는

자는 1펜스에 울게 된다." 이 말은 참으로

 명언이라고 생각한다. 그는 이것을 스스로 실천하였다. 그 결과 두 손자에게
막대한 재산을 남겨주었다. 이 말은 그대로 시간에도 적용할 수

명언이라고 생각한다. 그는 이것을 스스로

실천하였다. 그 결과 두 손자에게 막대한 재산을

남겨주었다. 이 말은 그대로 시간에도 적용할 수

있다. 1분을 비웃는 자는 1분 때문에 우는 법이다. 그러므로 10분이나 15분이라고 해서 소홀히 하고 있으면 하루에 여러 시간을 낭비하는 것이 된다.

있다. 1분을 비웃는 자는 1분 때문에 우는 법이다.

그러므로 10분이나 15분이라고 해서 소홀히 하고

있으면 하루에 여러 시간을 낭비하는 것이 된다.

그것이 일 년간 쌓이면 어떻게 될까? 아마도 네 인생이 바뀔 수 있는 시간이 될 것이다. 세상에는 시간을 질질 끌며 요령 없이 보내는 사람이 많다.

그것이 일 년간 쌓이면 어떻게 될까? 아마도 네

그것이 일 년간 쌓이면 어떻게 될까? 아마도 네

인생이 바뀔 수 있는 시간이 될 것이다. 세상에는

인생이 바뀔 수 있는 시간이 될 것이다. 세상에는

시간을 질질 끌며 요령 없이 보내는 사람이 많다.

시간을 질질 끌며 요령 없이 보내는 사람이 많다.

커다란 의자에 기대앉아 하품하면서 "무엇인가를 시작하기에는 좀 시간이 모자라고…."라고 말한다. 그러나 실제로 시간이 충분히 있어도

커다란 의자에 기대앉아 하품하면서

"무엇인가를 시작하기에는 좀 시간이 모자라고…."

라고 말한다. 그러나 실제로 시간이 충분히 있어도

이런 사람은 무엇인가 일을 시작하지 않는다. 결국 아무것도 하지 않고 시간은 지나가 버린다. 아마 이런 사람은 공부에 있어서나 일에 있어서나

이런 사람은 무엇인가 일을 시작하지 않는다.

이런 사람은 무엇인가 일을 시작하지 않는다.

결국 아무것도 하지 않고 시간은 지나가 버린다.

결국 아무것도 하지 않고 시간은 지나가 버린다.

아마 이런 사람은 공부에 있어서나 일에 있어서나

아마 이런 사람은 공부에 있어서나 일에 있어서나

대성하지 못할 것이다. 한가로이 세월을 보내는 것은 너의 나이에서는 아직 허용되지 않는다. 내 나이가 되었을 때 비로소 허용되는 것이다. 너는

대성하지 못할 것이다. 한가로이 세월을 보내는

것은 너의 나이에서는 아직 허용되지 않는다.

내 나이가 되었을 때 비로소 허용되는 것이다. 너는

말하자면 이제 겨우 사회에 첫 발을 내놓았을 뿐이다. 행동적이고 근면하며 끈기가 있는 것이 당연하다. 앞으로 수년간이 너의 일생에 얼마나

말하자면 이제 겨우 사회에 첫 발을 내놓았을

말하자면 이제 겨우 사회에 첫 발을 내놓았을

뿐이다. 행동적이고 근면하며 끈기가 있는 것이

뿐이다. 행동적이고 근면하며 끈기가 있는 것이

당연하다. 앞으로 수년간이 너의 일생에 얼마나

당연하다. 앞으로 수년간이 너의 일생에 얼마나

큰 의미를 가질 것인가 생각해 보았으면 한다. 그러면 단 한순간도 소홀히 할 수는 없을 것이다. 그렇다고 하루 종일 책상 앞에만 붙어 있으라고

큰 의미를 가질 것인가 생각해 보았으면 한다.

그러면 단 한순간도 소홀히 할 수는 없을 것이다.

그렇다고 하루 종일 책상 앞에만 붙어 있으라고

말하는 것은 아니다. 내가 아는 사람 중에 시간을 사용하는 방법이 아주 지혜로워서 사소한 시간도 헛되게 보내지 않는 이가 있다. 이 사람은 화장실에

말하는 것은 아니다. 내가 아는 사람 중에 시간을

사용하는 방법이 아주 지혜로워서 사소한 시간도

헛되게 보내지 않는 이가 있다. 이 사람은 화장실에

들어가 있는 잠시 동안의 시간까지 유용하게 이용하여 고대 로마 시인의
작품을 조금씩 읽어 드디어는 독파해 버렸다. 확실히 이것은 상당한 시간의

들어가 있는 잠시 동안의 시간까지 유용하게 이용하여

고대 로마 시인의 작품을 조금씩 읽어 드디어는

독파해 버렸다. 확실히 이것은 상당한 시간의

 절약이라고 생각된다. 얼마 안 되는 시간이라도 효과적으로 사용하면 나중에 상당한 일을 했다는 것을 깨닫게 된다. 그런데 얼마 안 되는 시간이라고

절약이라고 생각된다. 얼마 안 되는 시간이라도

절약이라고 생각된다. 얼마 안 되는 시간이라도

효과적으로 사용하면 나중에 상당한 일을 했다는

효과적으로 사용하면 나중에 상당한 일을 했다는

것을 깨닫게 된다. 그런데 얼마 안 되는 시간이라고

것을 깨닫게 된다. 그런데 얼마 안 되는 시간이라고

해서 아무것도 하지 않고 있으면 나중에 되찾으려고 생각해도 좀처럼 되지 않는다. 그러므로 순간순간을 의미 있게 사용해 주었으면 한다.

해서 아무것도 하지 않고 있으면 나중에 되찾으려고

생각해도 좀처럼 되지 않는다. 그러므로 순간순간을

의미 있게 사용해 주었으면 한다.

You will alway have a special in my heart

네가 네 시에 온다면

난 세 시부터 행복해지기 시작할 거야.

시간이 갈수록 난 더 행복해질 거야.

네 시가 되면 나는

마음이 두근거리고 안달이 날 거야.

내가 얼마나 행복한지

너에게 보여주게 될 거야.

행복의 값어치를 배우게 되는 거야.

you will alway have a special in my heart

네가 네 시에 온다면

난 세 시부터 행복해지기 시작할 거야.

시간이 갈수록 난 더 행복해질 거야.

네 시가 되면 나는

마음이 두근거리고 안달이 날 거야.

내가 얼마나 행복한지

너에게 보여주게 될 거야.

행복의 값어치를 배우게 되는 거야.

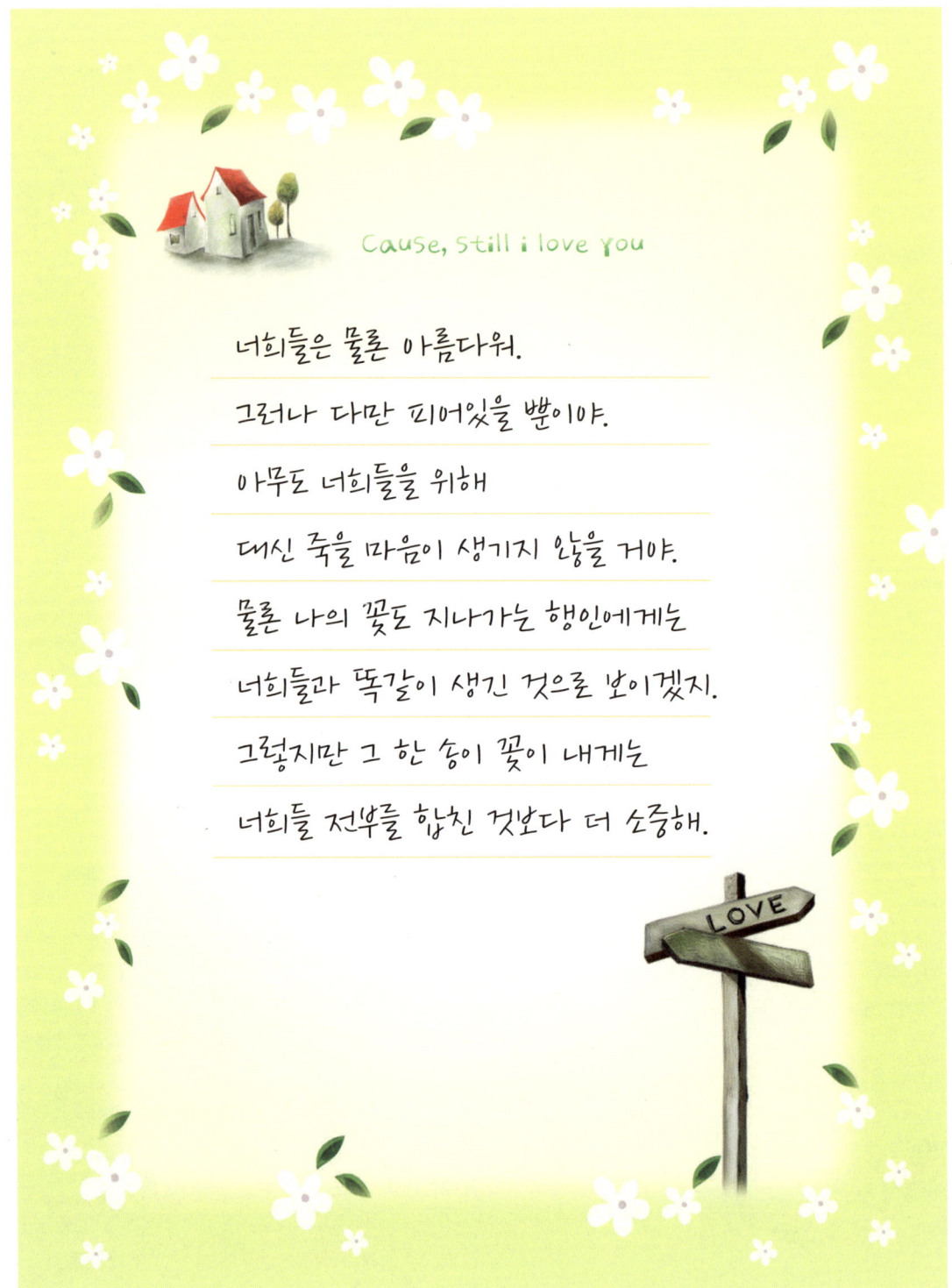

Cause, still i love you

너희들은 물론 아름다워.

그러나 다만 피어있을 뿐이야.

아무도 너희들을 위해

대신 죽을 마음이 생기지 않을 거야.

물론 나의 꽃도 지나가는 행인에게는

너희들과 똑같이 생긴 것으로 보이겠지.

그렇지만 그 한 송이 꽃이 내게는

너희들 전부를 합친 것보다 더 소중해.

Cause, still i love you

너희들은 물론 아름다워.

그러나 다만 피어있을 뿐이야.

아무도 너희들을 위해

대신 죽을 마음이 생기지 않을 거야.

물론 나의 꽃도 지나가는 행인에게는

너희들과 똑같이 생긴 것으로 보이겠지.

그렇지만 그 한 송이 꽃이 내게는

너희들 전부를 합친 것보다 더 소중해.

세련된 감각의 손글씨 서체로 편지글 형식이나
다이어리 꾸밀 때 잘 어울리는 서체이다.
글줄의 중심을 중간에 맞추어 가지런하면서도
정돈된 느낌과 정감이 묻어난다.

고맙다 말하고 싶을 때

가	ㄱ	머리 부분은 살짝 올려 쓰고 →부분은 수직이 아닌 비스듬하게 내려 긋는다.	ㄱ	ㄱ	ㄱ
나	ㄴ	수직으로 내려 긋고 둥글게 꺾어 꼬리 부분은 살짝 올려 쓴다.	ㄴ	ㄴ	ㄴ
다	ㄷ	○부분에 주의하며 꼬리 부분은 살짝 올려 쓴다.	ㄷ	ㄷ	ㄷ
라	ㄹ	○부분의 공간을 같게 하며 머리와 꼬리 부분을 살짝 올려 준다.	ㄹ	ㄹ	ㄹ
마	ㅁ	정사각형의 모양이 아닌 조금은 삐뚤어진 ㅁ이다.	ㅁ	ㅁ	ㅁ
바	ㅂ	①획을 약간 둥글리는 느낌으로 내려 쓴다.	ㅂ	ㅂ	ㅂ
사	ㅅ	①획의 중간 약간 위에서 ②획을 쓴다.	ㅅ	ㅅ	ㅅ
아	ㅇ	동그랗게 둥글려 쓴다.	ㅇ	ㅇ	ㅇ
자	ㅈ	ㄱ을 쓰는 느낌으로 쓴다.	ㅈ	ㅈ	ㅈ
차	ㅊ	삐침을 힘있고 길게 쓴다.	ㅊ	ㅊ	ㅊ
카	ㅋ	ㄱ을 쓰고 ②획을 길게 앞으로 빼어 쓴다.	ㅋ	ㅋ	ㅋ
타	ㅌ	꼬리 부분을 살짝 올려 쓴다.	ㅌ	ㅌ	ㅌ
파	ㅍ	①획을 비스듬히 내려쓰고 ②,③,④획을 나란히 쓴다.	ㅍ	ㅍ	ㅍ
하	ㅎ	삐침은 길고 힘있게 ㅇ은 동그랗게 쓴다.	ㅎ	ㅎ	ㅎ

ㄱ ㄴ ㄷ ㄹ ㅁ ㅂ ㅅ ㅇ ㅈ ㅊ ㅋ ㅌ ㅍ ㅎ

고	ㄱ	①획보다 ②획을 짧은 느낌이 들도록 쓴다.	ㄱ	ㄱ	ㄱ			
노	ㄴ	①, ②획의 길이는 같게 꼬리 부분은 살짝 올려 쓴다.	ㄴ	ㄴ	ㄴ			
도	ㄷ	①획은 살짝 내려 쓰고 ②획을 부드럽게 이어 쓴다.	ㄷ	ㄷ	ㄷ			
로	ㄹ	○부분의 공간 크기를 같게 머리 부분은 살짝 올려 쓴다.	ㄹ	ㄹ	ㄹ			
모	ㅁ	정사각형이 아닌 약간 비뚤어진 ㅁ을 쓴다.	ㅁ	ㅁ	ㅁ			
보	ㅂ	ㅂ의 둘레를 한 번에 돌려 쓰고 ②획을 쓴다.	ㅂ	ㅂ	ㅂ			
소	ㅅ	①획의 중간 위에서 ②획을 비스듬히 내려 쓴다.	ㅅ	ㅅ	ㅅ			
오	ㅇ	동그랗게 둥글려 쓴다.	ㅇ	ㅇ	ㅇ			
조	ㅈ	→의 기울기에 주의해 쓴다.	ㅈ	ㅈ	ㅈ			
초	ㅊ	ㅈ을 쓰되 삐침은 길게 내려 쓴다.	ㅊ	ㅊ	ㅊ			
코	ㅋ	ㄱ을 쓰고 ②획은 ①획과 수평이 되도록 쓴다.	ㅋ	ㅋ	ㅋ			
토	ㅌ	①, ②, ③획의 길이가 모두 같게 쓴다.	ㅌ	ㅌ	ㅌ			
포	ㅍ	①획을 비스듬히 내려 쓴다.	ㅍ	ㅍ	ㅍ			
호	ㅎ	삐침은 길게 ㅇ은 동그랗게 쓴다.	ㅎ	ㅎ	ㅎ			

ㄱ
ㄴ
ㄷ
ㄹ
ㅁ
ㅂ
ㅅ
ㅇ
ㅈ
ㅊ
ㅋ
ㅌ
ㅍ
ㅎ

아	ㅏ	①획의 중간 지점에서 ②획을 쓴다.	아	아	아			
야	ㅑ	①획을 3등분하여 ②,③획을 쓴다.	야	야	야			
어	ㅓ	①획을 ②획의 중간 지점에 닿도록 쓴다.	어	어	어			
여	ㅕ	①,②획은 ③획을 3등분 한 지점에 닿도록 한다.	여	여	여			
오	ㅗ	①획을 ②획의 중간지점에 닿게 내려 쓴다.	오	오	오			
요	ㅛ	①,②획의 길이가 같게 쓴다.	요	요	요			
우	ㅜ	①획은 가로로, ②획은 수직이 되도록 길게 내려 쓴다.	우	우	우			
유	ㅠ	③획은 ②획보다 짧게 내려 쓴다.	유	유	유			
으	ㅡ	자음과 수평이 되도록 길지 않게 쓴다.	으	으	으			
이	ㅣ	길지 않게 내려 쓴다.	이	이	이			
밖	ㄲ	뒤의 ㄱ이 앞의 ㄱ을 덮은 느낌으로 쓴다.	밖	밖	밖			
넋	ㄳ	ㄱ과 ㅅ을 나란히 쓴다. 1/4 지점에 맞도록 쓴다.	넋	넋	넋			
앉	ㄵ	ㄴ과 ㅈ을 나란히 쓴다.	앉	앉	앉			
않	ㄶ	ㄴ보다 ㅎ이 큰 느낌이 들도록 쓴다. ㅎ의 삐침은 정확히 쓴다.	않	않	않			

안녕히 오셨어요 아이 반갑잖아

애	ㅐ	①획보다 ②획을 조금 짧게 쓴다.	애	애	애			
얘	ㅒ	ㅐ와 같은 느낌으로 쓴다.	얘	얘	얘			
에	ㅔ	①획을 ②획의 중간 지점에 닿도록 하며, ③획을 ②획보다 조금 짧게 쓴다.	에	에	에			
예	ㅖ	ㅔ와 같은 느낌으로 쓴다.	예	예	예			
와	ㅘ	ㅗ와 ㅏ가 닿게 쓴다.	와	와	와			
왜	ㅙ	ㅘ와 같은 느낌으로 쓴다.	왜	왜	왜			
외	ㅚ	ㅘ와 같은 느낌으로 쓴다.	외	외	외			
워	ㅝ	ㅜ와 ㅓ가 닿지 않도록 쓴다.	워	워	워			
웨	ㅞ	ㅝ와 같은 느낌으로 쓴다.	웨	웨	웨			
위	ㅟ	ㅝ와 같은 느낌으로 쓴다.	위	위	위			
닭	ㄺ	각각 1/4 지점에 들어가도록 쓴다.	닭	닭	닭			
앎	ㄻ	ㅁ을 ㄹ의 옆에 나란히 크지 않게 쓴다.	앎	앎	앎			
잃	ㅀ	ㄹ 옆에 나란히 쓰되 ㅎ의 삐침을 선명히 내려 쓴다.	잃	잃	잃			
잇	ㅆ	두 개의 ㅅ이 서로 크기도 모양도 같게 붙여 쓴다.	있	있	있			

가 가 가

ㄱ과 ㅏ를 어느정도 거리를 두고 쓴다.

냐 냐 냐

ㄴ의 꼬리 부분에 ㅑ의 ❸획이 오도록 쓴다.

더 더 더

○부분에 주의하며 ㄷ안에 ㅓ가 닿도록 쓴다.

려 려 려

ㄹ의 뒷쪽에 ㅕ의 ①, ②획이 오도록 쓴다.

모 모 모

ㅁ중앙에 ㅗ를 정확히 쓴다.

뵤 뵤 뵤

ㅂ의 중앙에 ㅛ를 정확히 쓴다.

수 수 수

①획보다 ②획을 길게 써준다.

유 유 유

ㅇ의 중앙에 오도록 ㅠ를 쓰되 ㅇ은 작은 느낌이 들도록 쓴다.

조
ㅡ를 길지 않게 자음의 폭 만큼만 쓴다.

치
ㅊ의 삐침을 길게 쓰며 모음 ㅣ는 ㅈ의 몸통 길이 만큼 짧게 쓴다.

케
ㅋ의 ②획의 위치에 ㅔ의 ㅓ가 닿도록 쓴다.

태
ㅌ의 크기와 ㅐ의 크기가 같도록 쓴다.

페
ㅍ의 →기울어짐에 주의하며 ③획보다 ④획을 짧게 쓴다.

화
ㅏ의 길이를 ㅎ의 삐침을 뺀 나머지 부분의 크기와 같도록 쓴다.

꼬
앞의 ㄱ이 뒤의 ㄱ을 업고 있는 듯 →부분의 길이를 길게 쓴다.

과
ㄱ의 머리 부분을 올려 쓰고 ㅗ와 ㅏ의 끝부분이 닿도록 붙여 쓴다.

각 각 각

가의 ㄱ과 받침 ㄱ의 모양이
다름에 주의해 쓴다.

년 년 년

녀의 ㄴ은 꼬리 부분을 올려
쓴다.

단 단 단

○부분의 모양에 주의해 쓴다.

를 를 를

르의 ㄹ을 받침 ㄹ보다 가로로
넓적하게 쓴다.

몸 몸 몸

모의 ㅁ이 받침 ㅁ보다 살짝
넓적하게 쓴다.

밥 밥 밥

바의 ㅂ과 받침 ㅂ의 모양과
크기에 주의해 쓴다.

솟 솟 솟

소의 ㅅ을 받침 ㅅ보다 좀더
넓적하게 쓴다.

웅 웅 웅

우의 중앙에 받침 ㅇ이 오도록
정확히 써준다.

잦

자의 ㅈ과 받침 ㅈ의 모양은 같으나 크기에 주의해 쓴다.

옻

오와 ㅊ의 가로 폭이 같게 나란히 쓴다.

옆

여의 ㅇ은 동그랗게 쓰고 ㅍ은 ◯부분에 주의해 쓴다.

좋

조와 ㅎ의 가로 폭이 같게 나란히 쓴다.

값

가와 받침 ㅄ을 각각 1/4 지점에 맞게 쓴다.

많

받침 ㄶ의 모양과 크기에 주의해 쓴다.

닭

◯부분의 모양에 주의하여 쓴다.

밟

바와 받침 ㄼ을 각각의 위치에 맞게 쓴다.

121

가	가	가	가	가	가					
각	각	각	각	각	각					
갑	갑	갑	갑	갑	갑					
강	강	강	강	강	강					
격	격	격	격	격	격					
견	견	견	견	견	견					
결	결	결	결	결	결					
것	것	것	것	것	것					
곧	곧	곧	곧	곧	곧					
군	군	군	군	군	군					
굽	굽	굽	굽	굽	굽					
궁	궁	궁	궁	궁	궁					
귤	귤	귤	귤	귤	귤					
급	급	급	급	급	급					
김	김	김	김	김	김					
꽃	꽃	꽃	꽃	꽃	꽃					

나
낙
난
날
남
낯
냄
넋
널
녹
높
농
눕
느
늦
님

다	다	다	다	다	다
닥	닥	닥	닥	닥	닥
달	달	달	달	달	달
담	담	담	담	담	담
당	당	당	당	당	당
던	던	던	던	던	던
덥	덥	덥	덥	덥	덥
덩	덩	덩	덩	덩	덩
돈	돈	돈	돈	돈	돈
돕	돕	돕	돕	돕	돕
둘	둘	둘	둘	둘	둘
득	득	득	득	득	득
든	든	든	든	든	든
듯	듯	듯	듯	듯	듯
등	등	등	등	등	등
때	때	때	때	때	때

라 락 달 람 럭 런 럽 럿 렁 록 롱 를 릇 림 립 링

마	마	마	마	마	마
막	막	막	막	막	막
만	만	만	만	만	만
많	많	많	많	많	많
말	말	말	말	말	말
맘	맘	맘	맘	맘	맘
맛	맛	맛	맛	맛	맛
맡	맡	맡	맡	맡	맡
멀	멀	멀	멀	멀	멀
명	명	명	명	명	명
몸	몸	몸	몸	몸	몸
물	물	물	물	물	물
뭇	뭇	뭇	뭇	뭇	뭇
밉	밉	밉	밉	밉	밉
및	및	및	및	및	및
밑	밑	밑	밑	밑	밑

바	바	바	바	바	바				
박	박	박	박	박	박				
반	반	반	반	반	반				
밤	밤	밤	밤	밤	밤				
방	방	방	방	방	방				
밭	밭	밭	밭	밭	밭				
백	백	백	백	백	백				
번	번	번	번	번	번				
법	법	법	법	법	법				
벗	벗	벗	벗	벗	벗				
볼	볼	볼	볼	볼	볼				
봄	봄	봄	봄	봄	봄				
붓	붓	붓	붓	붓	붓				
빌	빌	빌	빌	빌	빌				
빛	빛	빛	빛	빛	빛				
빵	빵	빵	빵	빵	빵				

사	사	사	사	사	사						
삭	삭	삭	삭	삭	삭						
삽	삽	삽	삽	삽	삽						
생	생	생	생	생	생						
선	선	선	선	선	선						
설	설	설	설	설	설						
솔	솔	솔	솔	솔	솔						
솜	솜	솜	솜	솜	솜						
솟	솟	솟	솟	솟	솟						
솥	솥	솥	솥	솥	솥						
숭	숭	숭	숭	숭	숭						
숯	숯	숯	숯	숯	숯						
숲	숲	숲	숲	숲	숲						
신	신	신	신	신	신						
쌍	쌍	쌍	쌍	쌍	쌍						
쓸	쓸	쓸	쓸	쓸	쓸						

아
악
앞
얌
언
얻
얼
엉
옷
울
웅
원
웃
음
의
잇

자	자	자	자	자	자					
작	작	작	작	작	작					
잘	잘	잘	잘	잘	잘					
잣	잣	잣	잣	잣	잣					
재	재	재	재	재	재					
전	전	전	전	전	전					
정	정	정	정	정	정					
제	제	제	제	제	제					
졸	졸	졸	졸	졸	졸					
좋	좋	좋	좋	좋	좋					
좌	좌	좌	좌	좌	좌					
중	중	중	중	중	중					
즙	즙	즙	즙	즙	즙					
짖	짖	짖	짖	짖	짖					
짚	짚	짚	짚	짚	짚					
짤	짤	짤	짤	짤	짤					

차	차	차	차	차	차
착	착	착	착	착	착
찬	찬	찬	찬	찬	찬
찰	찰	찰	찰	찰	찰
참	참	참	참	참	참
찾	찾	찾	찾	찾	찾
청	청	청	청	청	청
체	체	체	체	체	체
촛	촛	촛	촛	촛	촛
총	총	총	총	총	총
취	취	취	취	취	취
측	측	측	측	측	측
친	친	친	친	친	친
칠	칠	칠	칠	칠	칠
집	집	집	집	집	집
칭	칭	칭	칭	칭	칭

카	카	카	카	카	카					
칵	칵	칵	칵	칵	칵					
칼	칼	칼	칼	칼	칼					
컨	컨	컨	컨	컨	컨					
컴	컴	컴	컴	컴	컴					
컵	컵	컵	컵	컵	컵					
컷	컷	컷	컷	컷	컷					
콜	콜	콜	콜	콜	콜					
콧	콧	콧	콧	콧	콧					
콩	콩	콩	콩	콩	콩					
쿨	쿨	쿨	쿨	쿨	쿨					
쿱	쿱	쿱	쿱	쿱	쿱					
클	클	클	클	클	클					
킥	킥	킥	킥	킥	킥					
킴	킴	킴	킴	킴	킴					
킹	킹	킹	킹	킹	킹					

타
탁
탈
탐
탬
턴
텃
톱
툭
튀
특
튼
틀
틈
팀
팁

파	파	파	파	파	파						
팍	팍	팍	팍	팍	팍						
팔	팔	팔	팔	팔	팔						
팡	팡	팡	팡	팡	팡						
팥	팥	팥	팥	팥	팥						
팽	팽	팽	팽	팽	팽						
펌	펌	펌	펌	펌	펌						
폭	폭	폭	폭	폭	폭						
폼	폼	폼	폼	폼	폼						
푹	푹	푹	푹	푹	푹						
풀	풀	풀	풀	풀	풀						
풍	풍	풍	풍	풍	풍						
플	플	플	플	플	플						
핀	핀	핀	핀	핀	핀						
필	필	필	필	필	필						
핌	핌	핌	핌	핌	핌						

하
학
한
합
핫
핸
헬
혹
옹
훈
훌
힉
양
힌
힘

 시간을 알뜰하고 지혜롭게 쓰는 사람은 많지 않다. 돈이나 재물을 지혜롭게 쓰는 사람도 많지 않지만 그보다도 훨씬 적은 것이 시간을 지혜롭게 쓰는

시간을 알뜰하고 지혜롭게 쓰는 사람은 많지 않다.

시간을 알뜰하고 지혜롭게 쓰는 사람은 많지 않다.

돈이나 재물을 지혜롭게 쓰는 사람도 많지 않지만

돈이나 재물을 지혜롭게 쓰는 사람도 많지 않지만

그보다도 훨씬 적은 것이 시간을 지혜롭게 쓰는

그보다도 훨씬 적은 것이 시간을 지혜롭게 쓰는

사람이다. 돈이나 재물을 지혜롭게 사용하는 것보다 시간을 지혜롭게 사용하는 것이 훨씬 중요하다는 것은 말할 필요도 없다. 나는 네가 이 두 가지를

사람이다. 돈이나 재물을 지혜롭게 사용하는 것보다

시간을 지혜롭게 사용하는 것이 훨씬 중요하다는

것은 말할 필요도 없다. 나는 네가 이 두 가지를

 지혜롭게 사용할 줄 아는 사람이 되어 주었으면 한다. 너도 이제 차츰 그런 일을 생각해도 좋은 나이이다. 하기야 젊었을 때는 시간이 차고

지혜롭게 사용할 줄 아는 사람이 되어 주었으면

한다. 너도 이제 차츰 그런 일을 생각해도 좋은

나이이다. 하기야 젊었을 때는 시간이 차고

넘쳐서 없어지는 일은 없다고 생각하기가 쉽다. 그러나 그것은 막대한 재산을
탕진해 버리는 것과 흡사하여 네가 그것을 깨달았을 때에는 이미

넘쳐서 없어지는 일은 없다고 생각하기가 쉽다.

그러나 그것은 막대한 재산을 탕진해 버리는

것과 흡사하여 네가 그것을 깨달았을 때에는 이미

늦어 수습할 수 없는 상태일 경우가 많다. 지금은 고인이 되어 세상을 떠나고 없지만, 윌리엄 3세나 앤 여왕, 조지 1세 시대에 이름을 떨쳤던 라운즈

늦어 수습할 수 없는 상태일 경우가 많다. 지금은

늦어 수습할 수 없는 상태일 경우가 많다. 지금은

고인이 되어 세상을 떠나고 없지만, 윌리엄 3세나

고인이 되어 세상을 떠나고 없지만, 윌리엄 3세나

앤 여왕, 조지 1세 시대에 이름을 떨쳤던 라운즈

앤 여왕, 조지 1세 시대에 이름을 떨쳤던 라운즈

재무장관은 생전에 곧잘 이렇게 말했었다. "1펜스를 업신여겨서는 안 된다. 1펜스를 비웃는 자는 1펜스에 울게 된다." 이 말은 참으로

재무장관은 생전에 곧잘 이렇게 말했었다.

"1펜스를 업신여겨서는 안 된다. 1펜스를 비웃는

자는 1펜스에 울게 된다." 이 말은 참으로

명언이라고 생각한다. 그는 이것을 스스로 실천하였다. 그 결과 두 손자에게 막대한 재산을 남겨주었다. 이 말은 그대로 시간에도 적용할 수

명언이라고 생각한다. 그는 이것을 스스로

명언이라고 생각한다. 그는 이것을 스스로

실천하였다. 그 결과 두 손자에게 막대한 재산을

실천하였다. 그 결과 두 손자에게 막대한 재산을

남겨주었다. 이 말은 그대로 시간에도 적용할 수

남겨주었다. 이 말은 그대로 시간에도 적용할 수

있다. 1분을 비웃는 자는 1분 때문에 우는 법이다. 그러므로 10분이나 15분이라고 해서 소홀히 하고 있으면 하루에 여러 시간을 낭비하는 것이 된다.

있다. 1분을 비웃는 자는 1분 때문에 우는 법이다.

그러므로 10분이나 15분이라고 해서 소홀히 하고

있으면 하루에 여러 시간을 낭비하는 것이 된다.

 그것이 일 년간 쌓이면 어떻게 될까? 아마도 네 인생이 바뀔 수 있는 시간이 될 것이다. 세상에는 시간을 질질 끌며 요령 없이 보내는 사람이 많다.

그것이 일 년간 쌓이면 어떻게 될까? 아마도 네

인생이 바뀔 수 있는 시간이 될 것이다. 세상에는

시간을 질질 끌며 요령 없이 보내는 사람이 많다.

커다란 의자에 기대앉아 하품하면서 "무엇인가를 시작하기에는 좀 시간이 모자라고…." 라고 말한다. 그러나 실제로 시간이 충분히 있어도

커다란 의자에 기대앉아 하품하면서

"무엇인가를 시작하기에는 좀 시간이 모자라고…."

라고 말한다. 그러나 실제로 시간이 충분히 있어도

이런 사람은 무엇인가 일을 시작하지 않는다. 결국 아무것도 하지 않고 시간은 지나가 버린다. 아마 이런 사람은 공부에 있어서나 일에 있어서나

이런 사람은 무엇인가 일을 시작하지 않는다.

이런 사람은 무엇인가 일을 시작하지 않는다.

결국 아무것도 하지 않고 시간은 지나가 버린다.

결국 아무것도 하지 않고 시간은 지나가 버린다.

아마 이런 사람은 공부에 있어서나 일에 있어서나

아마 이런 사람은 공부에 있어서나 일에 있어서나

대성하지 못할 것이다. 한가로이 세월을 보내는 것은 너의 나이에서는 아직 허용되지 않는다. 내 나이가 되었을 때 비로소 허용되는 것이다. 너는

대성하지 못할 것이다. 한가로이 세월을 보내는

것은 너의 나이에서는 아직 허용되지 않는다.

내 나이가 되었을 때 비로소 허용되는 것이다. 너는

말하자면 이제 겨우 사회에 첫 발을 내놓았을 뿐이다. 행동적이고 근면하며 끈기가 있는 것이 당연하다. 앞으로 수년간이 너의 일생에 얼마나

말하자면 이제 겨우 사회에 첫 발을 내놓았을

말하자면 이제 겨우 사회에 첫 발을 내놓았을

뿐이다. 행동적이고 근면하며 끈기가 있는 것이

뿐이다. 행동적이고 근면하며 끈기가 있는 것이

당연하다. 앞으로 수년간이 너의 일생에 얼마나

당연하다. 앞으로 수년간이 너의 일생에 얼마나

큰 의미를 가질 것인가 생각해 보았으면 한다. 그러면 단 한순간도 소홀히 할 수는 없을 것이다. 그렇다고 하루 종일 책상 앞에만 붙어 있으라고

큰 의미를 가질 것인가 생각해 보았으면 한다.

그러면 단 한순간도 소홀히 할 수는 없을 것이다.

그렇다고 하루 종일 책상 앞에만 붙어 있으라고

 말하는 것은 아니다. 내가 아는 사람 중에 시간을 사용하는 방법이 아주 지혜로워서 사소한 시간도 헛되게 보내지 않는 이가 있다. 이 사람은 화장실에

말하는 것은 아니다. 내가 아는 사람 중에 시간을

말하는 것은 아니다. 내가 아는 사람 중에 시간을

사용하는 방법이 아주 지혜로워서 사소한 시간도

사용하는 방법이 아주 지혜로워서 사소한 시간도

헛되게 보내지 않는 이가 있다. 이 사람은 화장실에

헛되게 보내지 않는 이가 있다. 이 사람은 화장실에

들어가 있는 잠시 동안의 시간까지 유용하게 이용하여 고대 로마 시인의
작품을 조금씩 읽어 드디어는 독파해 버렸다. 확실히 이것은 상당한 시간의

들어가 있는 잠시 동안의 시간까지 유용하게 이용하여

고대 로마 시인의 작품을 조금씩 읽어 드디어는

독파해 버렸다. 확실히 이것은 상당한 시간의

 절약이라고 생각된다. 얼마 안 되는 시간이라도 효과적으로 사용하면 나중에 상당한 일을 했다는 것을 깨닫게 된다. 그런데 얼마 안 되는 시간이라고

절약이라고 생각된다. 얼마 안 되는 시간이라도

절약이라고 생각된다. 얼마 안 되는 시간이라도

효과적으로 사용하면 나중에 상당한 일을 했다는

효과적으로 사용하면 나중에 상당한 일을 했다는

것을 깨닫게 된다. 그런데 얼마 안 되는 시간이라고

것을 깨닫게 된다. 그런데 얼마 안 되는 시간이라고

해서 아무것도 하지 않고 있으면 나중에 되찾으려고 생각해도 좀처럼 되지 않는다. 그러므로 순간순간을 의미 있게 사용해 주었으면 한다.

해서 아무것도 하지 않고 있으면 나중에 되찾으려고

생각해도 좀처럼 되지 않는다. 그러므로 순간순간을

의미 있게 사용해 주었으면 한다.

you will alway have a special in my heart

네가 네 시에 온다면

난 세 시부터 행복해지기 시작할 거야.

시간이 갈수록 난 더 행복해질 거야.

네 시가 되면 나는

마음이 두근거리고 안달이 날 거야.

내가 얼마나 행복한지

너에게 보여주게 될 거야.

행복의 값어치를 배우게 되는 거야.

You will alway have a special in my heart

네가 네 시에 온다면

난 세 시부터 행복해지기 시작할 거야.

시간이 갈수록 난 더 행복해질 거야.

네 시가 되면 나는

마음이 두근거리고 안달이 날 거야.

내가 얼마나 행복한지

너에게 보여주게 될 거야.

행복의 값어치를 배우게 되는 거야.

Cause, still i love you

너희들은 물론 아름다워.

그러나 다만 피어있을 뿐이야.

아무도 너희들을 위해

대신 죽을 마음이 생기지 않을 거야.

물론 나의 꽃도 지나가는 행인에게는

너희들과 똑같이 생긴 것으로 보이겠지.

그렇지만 그 한 송이 꽃이 내게는

너희들 전부를 합친 것보다 더 소중해.

Cause, Still I love you

너희들은 물론 아름다워.

그러나 다만 피어있을 뿐이야.

아무도 너희들을 위해

대신 죽을 마음이 생기지 않을 거야.

물론 나의 꽃도 지나가는 행인에게는

너희들과 똑같이 생긴 것으로 보이겠지.

그렇지만 그 한 송이 꽃이 내게는

너희들 전부를 합친 것보다 더 소중해.

본서에 수록된 서체는 (주)붉다(문자동맹)의 'Na@달콤살벌' 폰트,
(주)산돌커뮤니케이션의 '백종열펜' 폰트, (주)제이티솔루션의 '#설레임' 폰트입니다.